Einfache Regeln für effizientes Projektmanagement

Simple Rules for an effizient Project Management

Dietmar Prudix

From the same author:
Vom selben Autor:

Self Placement, ISBN 3-8334-4045-7
Die Tage nach dem Bombenwurf;ISBN 3-8330-1129-7
Nehmen Sie die Menschen so wie sie sind, es gibt keine anderen! ISBN 3-8334-4641-2
KreativFindemethoden; ISBN-13: 978-3848260867
Projektweisheiten; ISBN-13: 978-384821072

Copyright © September 2015 Dietmar Prudix
Herstellung und Verlag:
B o D - Books on Demand, Norderstedt
Printed in Germany
ISBN 978-3-7386-4506-4

Dietmar Prudix

The NASA Rules

Einfache Regeln für effizientes Projektmanagment

Simple Rules für an effizient Project Management

Forword

Jerry Madden, retired assiciate director of the flight projects directorate within the NASA`s Goddard Space Flight Center is known as the first project manager in the NASA organization.

Over years he collected these gems of wisdom. Actually the specific sources are unknown and there is no official link to the NASA anymore. None of the described rules are original, sometimes people talk about 120 rules, sometimes about 128.

Although it`s not part of Jerry`s written lessons learned, he consistently told his people the following: "Show up early for all meetings; they may be serving doughnuts."
Finally, Les Meredith (former director of Space Sciences and Acting Center Director) had this remark to make about Jerry Madden`s project managers lessons learned: "God only gave us ten commandments. Jerry has listed over a hundred instructions to a project manager. It is evident a lot more is expected from a project manager"

Vorwort

Jerry Madden, ehemaliger stellvertretender Direktor des Flight Projects Directorate am NASA Goddard Space Flight Center gilt als die Nummer 1 unter den Projektmanagern der NASA.
Er hat die hier veröffentlichten goldenen Weisheiten über viele Jahre zusammengetragen. Die jeweiligen Quellen sind unbekannt und es besteht auch keine offizielle Verbindung mehr zur NASA. Keine der aufgeführten Regeln entspricht der Originalversion. Insgesamt gibt es um die 120 Regeln, manchmal wird auch von 128 Regeln berichtet.

Und obwohl Jerry's folgender Grundsatz nicht Bestandteil der dokumentierten NASA-Regeln ist, so soll er doch seine Mitarbeiter immer wieder ermahnt haben: „Seid bei allen Besprechungen pünktlich, denn vielleicht gibt es dort ja Donuts." Abschließend erwähnt sei die Anmerkung von Les Meredith, dem ehemaligen Direktor des Bereiches Space Sciences und Direktor des Acting Centers zu Jerry Madden's Regeln für Projektmanager: „Gott gab uns nur die zehn Gebote. Jerry hingegen führt über 100 Richtlinien für Projektmanager auf. Offensichtlich wird von einem Projektmanager eine ganze Menge erwartet."

1. The Project Manager

Rule #1: A project manager should visit everyone who is building anything for his project at least once, should know all the managers on his project (both government and contractor), and know the integration team members. People like to know that the project manager is interested in their work and the best proof is for the manager to visit them and see first hand what they are doing.

Rule #2: A project manager must know what motivates the project contractors (i.e., their award system, their fiscal system, their policies, and their company culture).

Rule #3: Management principles still are the same. It is just that the tools have changed. You still find the right people to do the work and get out of the way so they can do it.

1. Der Projektmanager

Regel Nr. 1: Ein Projektmanager sollte jeden, der an seinem Projekt mitarbeitet, mindestens einmal persönlich besuchen. Er sollte alle Projektleiter (sowohl seitens der Auftraggeber als auch der Auftragnehmer) und alle Teammitglieder kennen. Die Mitarbeiter wissen es zu schätzen, dass der Projektmanager an ihrer Arbeit interessiert ist und er beweist dies am besten, indem er sie besucht und sich direkt ansieht, was sie tun.

Regel Nr. 2: Ein Projektmanager muss die Motivationsaspekte der Auftragnehmer kennen (also z.B. deren Bonussystem, Abrechungssystem, Firmengrundsätze und die Unternehmenskultur).

Regel Nr. 3: Managementgrundsätze sind gleich geblieben – nur die Methoden haben sich verändert. Es gilt nach wie vor, die richtigen Mitarbeiter zu finden und sie dann bei ihrer Arbeit nicht zu behindern.

Rule #4: Whoever you deal with, deal fairly. Space is not a big playing field. You may be surprised how often you have to work with the same people. Better they respect you than carry a grudge.

Rule #5: Vicious, despicable, or thoroughly disliked persons, gentlemen, and ladies can be project managers. Lost souls, procrastinators, and wishy-washies cannot.

Rule #6: A comfortable project manager is one waiting for his next assignment or one on the verge of failure. Security is not normal to project management.

Rule #7: One problem new managers face is that everyone wants to solve their problems. Old managers were told by senior management — "solve your own darn problems, that is what we hired you to do."

Regel Nr. 4: Mit wem auch immer Sie zusammenarbeiten – Fairness ist oberstes Gebot. Man sieht sich überraschend oft zweimal im Arbeitsleben und deshalb ist es besser, wenn die Leute Ihnen mit Respekt begegnen, anstatt Groll zu hegen.

Regel Nr. 5: Es gibt sicherlich bösartige, widerwärtige und komplett unbeliebte Damen und Herren in der Position der Projektmanager, aber definitiv keine Zauderer und Zögerer.

Regel Nr. 6: Ein relaxter Projektmanager erwartet entweder gerade sein nächstes Projekt, oder er steht bereits am Rande des Scheiterns. Im Projektmanagement kann man sich niemals in Sicherheit wiegen.

Regel Nr. 7: Eine Herausforderung für Projektmanager, die neu in dieser Position sind, ist, dass jeder ihre Probleme lösen möchte. Die alten Hasen auf diesem Gebiet haben aber bereits von ihren Vorgesetzten gelernt: „Kümmern Sie sich selbst um Ihre Kram, denn genau dafür wurden Sie eingestellt."

Rule #8: Running fast does not take the place of thinking for yourself. You must take time to smell the roses. For your work, you must take time to understand the consequences of your actions.

Rule #9: The boss may not know how to do the work but he has to know what he wants. The boss had better find out what he expects and wants if he doesn't know. A blind leader tends to go in circles.

Rule #10: Not all successful managers are competent and not all failed managers are incompetent. Luck still plays a part in success or failure but luck favors the competent hard working manager.

Rule #11: Never try to get even for some slight by anyone on the project. It is not good form and it puts you on the same level as the other person and, besides, probably ends up hurting the project getting done.

Regel Nr. 8: Schnell zu sein ersetzt nicht strategisches Denken. Man muss das Problem erkennen, bevor man es löst. Deshalb ist es notwendig, dass Sie sich Zeit nehmen, um über die Konsequenzen des eigenen Handelns nachzudenken.

Regel Nr. 9: Vorgesetzte müssen den Lösungsweg nicht kennen, aber Sie müssen genau wissen, welche Lösung sie erwarten. Der Chef sollte sich deshalb ganz genau im Klaren darüber sein, was er erwartet und benötigt, denn eine blinder Projektmanager dreht sich nur allzu schnell im Kreis.

Regel Nr. 10: Nicht alle erfolgreichen Manager sind kompetent und nicht alle erfolglosen Manager sind inkompetent. Glück ist nach wie vor oft das Zünglein an der Waage zwischen Erfolg und Misserfolg – allerdings ist das Glück auf der Seite der kompetenten, fleißigen Manager.

Regel Nr. 11: Ein guter Projektmanager wird niemals demjenigen, der sich ihm gegenüber unangemessen verhält, eine entsprechende Retourkutsche verpassen. Das wäre schlechtes Geschäftsgebaren und er würde sich mit so einem Verhalten auf dieses Niveau herablassen und zudem damit vielleicht auch noch den Projekterfolg gefährden.

Rule #12: Don't get too egotistical so that you can't change your position, especially if your personnel tell you that you are wrong. You should cultivate an attitude on the project where your personnel know they can tell you of wrong decisions.

Rule #13: A manager who is his own systems engineer or financial manager is one who will probably try to do open heart surgery on himself.

Rule #14: Most managers succeed on the strength and skill of their staff.

Regel Nr. 12: Werden Sie niemals so selbstherrlich, dass Sie Ihre Meinung nicht mehr ändern können, insbesondere dann, wenn Ihnen die Mitarbeiter zeigen, dass Sie falsch liegen. Sorgen Sie für die richtige Projektatmosphäre, in der Ihre Mitarbeiter jederzeit auf falsche Entscheidungen hinweisen können.

Regel Nr. 13: Ein Projektmanager, der gleichermaßen die Rolle des Systemingenieurs und Finanzmanagers übernimmt, verhält sich, als würde er seine eigene Herzoperation durchführen.

Regel Nr. 14: Die meisten Manager sind durch die Stärke und Fähigkeiten ihrer Mitarbeiter erfolgreich.

2. Initial Work

Rule #15: The seeds of problems are laid down early. Initial planning is the most vital part of a project. The review of most failed projects or project problems indicate the disasters were well planned to happen from the start.

2. Projektvorbereitungen

Regel Nr. 15: Stolpersteine, die später zu echten Problemen werden, sollten möglichst frühzeitig aus dem Weg geräumt werden. Die Projektplanung ist der wichtigste Teil der Projektarbeit. Die Überprüfung der meisten gescheiterten Projekte hat gezeigt, dass die grundlegendsten Fehler schon in der Planungsphase gemacht wurden.

3. Communications

Rule #16: Cooperative efforts require good communications and early warning systems. A project manager should try to keep his partners aware of what is going on and should be the one who tells them first of any rumour or actual changes in plan. The partners should be consulted before things are put in final form, even if they only have a small piece of the action. A project manager who blindsides his partners will be treated in kind and will be considered a person of no integrity.

Rule #17: Talk is not cheap; but the best way to understand a personnel or technical problem is to talk to the right people. Lack of talk at the right levels is deadly.

3. Kommunikation

Regel Nr. 16: Die Grundlage für eine erfolgreiche Zusammenarbeit liegt in guter Kommunikation und funktionierenden Frühwarnsystemen. Ein Projektmanager sollte seine Partner immer über den aktuellen Projektstatus auf dem Laufenden halten und sie als erster über Gerüchte oder tatsächliche Planänderungen informieren. Die Projektpartner sollten Bescheid wissen, bevor Dinge formal ins Rollen gebracht werden und zwar auch dann, wenn sie nur einen kleineren Part haben. Ein Projektmanager, der seine Partner im Dunkeln tappen lässt, wird von ihnen ebenso behandelt und als nicht vertrauenswürdig eingestuft.

Regel Nr. 17: Reden ist Silber und Schweigen ist Gold – allerdings ist der beste Weg, ein personelles oder technisches Problem zu verstehen, mit den richtigen Leuten darüber zu sprechen. Fehlende Kommunikation zum richtigen Zeitpunkt ist tödlich.

Rule #18: Most international meetings are held in English. This is a foreign language to most participants such as Americans, Germans, Italians, etc. It is important to have adequate discussions so that there are no misinterpretations of what is said.

Rule #19: You cannot be ignorant of the language of the area you manage or with that of areas with which you interface. Education is a must for the modern manager. There are simple courses available to learn computerese, communicationese and all the rest of the modern "ese's" of the world. You can't manage if you don't understand what is being said or written.

Regel Nr. 18: Die meisten internationalen Besprechungen werden auf englisch abgehalten. Und weil das für viele Projektteilnehmer, wie z.B. Deutsche, Italiener etc. eine fremde Sprache ist, ist es wichtig, durch klare Kommunikation Missverständnisse zu vermeiden.

Regel Nr. 19: Sie müssen die Fachsprache des Bereiches, für den Sie verantwortlich sind und der Bereiche, die die Schnittstellen bilden, beherrschen. Der moderne Manager muss über entsprechendes Know-How verfügen. Das notwendige Fachwissen kann man sich heute relativ einfach durch entsprechende Weiterbildungskurse aneignen. Wer seine Mitarbeiter nicht versteht, kann sie nicht führen.

4. People

Rule #20: You cannot watch everything. What you can watch is the people. They have to know you will not accept a poor job.

Rule #21: We have developed a set of people whose self interest is more paramount than the work or at least it appears so to older managers. It appears to the older managers that the newer ones are more interested in form than in substance. The question is are old managers right or just old? Consider both viewpoints.

Rule #22: A good technician, quality inspector, and straw boss are more important in obtaining a good product than all the paper and reviews.

Rule #23: The source of most problems is people, but darned if they will admit it. Know the people working on your project to know what the real weak spots are.

4. Projektbeteiligte Personen

Regel Nr. 20: Sie können definitiv nicht überall sein. Aber Sie sollten alles im Blick behalten und zwar durch Ihre Mitarbeiter. Diese müssen wissen, dass Professionalität von ihnen erwartet wird.

Regel Nr. 21: Einer ganzen Reihe von Menschen sind die eigenen Interessen wichtiger, als das Ergebnis ihrer Arbeit oder zumindest sieht das die erfahrene Managergeneration so. Sie denken auch, dass die jüngere Generation oftmals eher an der Fassade als an den Wurzeln interessiert ist. Die Frage ist nun, haben sie Recht oder sind sie einfach nur alt? Denken Sie darüber nach.

Regel Nr. 22: Gute Manpower, wie z.B. ein guter Facharbeiter, Auditor und Vorarbeiter ist wesentlich wichtiger für ein gutes Ergebnis, als der ganze Papierkram drum herum.

Regel Nr. 23: Die Ursache für die meisten Schwierigkeiten liegt bei den im Projekt beteiligten Personen, aber das wird sich kaum jemand eingestehen. Deshalb müssen Sie die Menschen kennen, um deren tatsächliche Schwachpunkte zu erkennen.

Rule #24: One must pay close attention to workaholics—if they get going in the wrong direction, they can do a lot of damage in a short time. It is possible to overload them and cause premature burnout but hard to determine if the load is too much, since much of it is self generated. It is important to make sure such people take enough time off and that the workload does not exceed 1 1/4 to 1 1/2 times what is normal.

Rule #25: Always try to negotiate your internal support at the lowest level. What you want is the support of the person doing the work, and the closer you can get to him in negotiations the better.

Rule #26: If you have someone who doesn't look, ask, and analyze; ask them to transfer.

Regel Nr. 24: Man muss die Arbeitstiere genau im Blick behalten – denn wenn sie in die falsche Richtung laufen, kann das in relativ kurzer Zeit großen Schaden anrichten. Schnell bürdet man ihnen zu viel Arbeit auf, so dass ihnen vorzeitig die Luft ausgeht. Allerdings ist es sehr schwer zu erkennen, wann es für sie zu viel wird, denn meistens muten sie sich selbst zu viel zu. Sie müssen sicherstellen, dass diese Menschen genügend Freizeit haben und dass ihre Arbeitsbelastung keinesfalls über 125% oder maximal 150% des normalen Arbeitsvolumens liegt.

Regel Nr. 25: Halten Sie die interne Hierarchie so flach wie möglich. Sie brauchen die Unterstützung ihrer Leute, deshalb sollten Sie so nah an der Basis dran sein, wie nur möglich.

Regel Nr. 26: Wenn jemand im Team nicht nachschaut, fragt oder analysiert, dann sollten Sie ihn bitten zu gehen.

Rule #27: Personal time is very important. You must be careful as a manager that you realize the value of other people's time (i.e., the work you hand out and meetings should be necessary). You must, where possible, shield your staff from unnecessary work (i.e., some requests should be ignored or a refusal sent to the requestor).

Rule #28: People who monitor work and don't help get it done never seem to know exactly what is going on (being involved is the key to excellence).

Rule #29: There is no greater motivation than giving a good person his piece of the puzzle to control, but a pat on the back or an award helps.

Rule #30: It is mainly the incompetent that don't like to show off their work.

Regel Nr. 27: Zeit ist sehr wichtig. Als Manager müssen Sie den Wert der Zeit erkennen, die Menschen für sie investieren (d.h. die Aufgaben, die Sie verteilen und Besprechungen, die Sie einberufen müssen notwendig sein). Sie müssen, soweit möglich, Ihre Mitarbeiter vor unnötigen Aufgaben schützen (d.h. bestimmte Anforderungen dürfen ignoriert oder abgelehnt werden).

Regel Nr. 28: Menschen, die die Projektarbeit nur beaufsichtigen und nicht aktiv daran mitarbeiten, kennen offensichtlich nie den genauen Status Quo. Involviert zu sein ist der Schlüssel zum Erfolg.

Regel Nr. 29: Die größte Motivation für gute Mitarbeiter ist, ihnen die Verantwortung für ihren Bereich zu übertragen. Ein Lob zur rechten Zeit oder eine Prämie sind dennoch oft auch sehr hilfreich.

Regel Nr. 30: Meistens sind es die inkompetenten Mitarbeiter, die ihre Arbeit nicht preisgeben wollen.

Rule #31: There are rare times when only one man can do the job. These are in technical areas that are more art and skill than normal. Cherish these people, but get their work done as soon as possible. Getting the work done by someone else takes two or three times longer and the product is normally below standard.

Rule #32: People have reasons for doing things the way they do them. Most people want to do a good job and, if they don't, the problem is they probably don't know how or exactly what is expected.

Rule #33: If you have a problem that requires additional people to solve, you should approach putting people on like a cook who has under-salted the food.

Regel Nr. 31: In seltenen Fällen, wie z.B. in technischen Bereichen, die sehr detailliertes Fachwissen erfordern, gibt es für bestimmte Aufgaben nur einen qualifizierten Mitarbeiter. Behandeln Sie diese Mitarbeiter mit der entsprechenden Wertschätzung, aber achten Sie auch darauf, dass die Aufgaben so schnell wie möglich erledigt werden, denn wenn eine andere Person übernehmen muss, dauert die Fertigstellung doppelt so lange und das Ergebnis ist erfahrungsgemäß von schlechterer Qualität.

Regel Nr. 32: Menschen haben ihre Gründe dafür, wie sie Dinge erledigen. Die meisten Menschen möchten ihre Sache gut machen und wenn das nicht gelingt, dann liegt es vielleicht daran, dass sie nicht genau wissen, was von ihnen erwartet wird.

Regel Nr. 33: Wenn Sie zur Lösung eines Problems zusätzliche Manpower benötigen, dann sollten Sie bei der Einbindung weiterer Mitarbeiter so vorgehen wie ein Koch, der anfangs das Essen zu wenig gewürzt hat - nämlich Schritt für Schritt.

5. Reviews and Reports

Rule #34: NASA has established a set of reviewers and a set of reviews. Once firmly established, the system will fight to stay alive, so make the most of it. Try to find a way for the reviews to work for you.

Rule #35: The number of reviews is increasing but the knowledge transfer remains the same; therefore, all your charts and presentation material should be constructed with this fact in mind. This means you should be able to construct a set of slides that only needs to be shuffled from presentation to presentation.

Rule #36: Hide nothing from the reviewers. Their reputation and yours is on the line. Expose all the warts and pimples. Don't offer excuses—just state facts.

5. Prüfung und Berichterstattung

Regel Nr. 34: Die NASA hat ein System entwickelt, das aus einer bestimmten Anzahl an Auditoren und Berichten besteht. Ist so ein System erst einmal eingeführt, wird es selbst alles daran setzen, immer weitergeführt zu werden. Machen Sie das Beste daraus und sehen Sie zu, dass das Berichtwesen hilfreich für Ihre Arbeit ist.

Regel Nr. 35: Die Zahl an Berichten steigt stetig an, aber der Wissenstransfer bleibt gleich. Diese Tatsache sollten Sie bei der Erstellung Ihrer Grafiken und Präsentationsunterlagen immer im Hinterkopf behalten. Das bedeutet, dass Sie eine Reihe von Folien erstellen sollten, die Sie nach kurzer Verifizierung immer wieder verwenden können.

Regel Nr. 36: Verheimlichen Sie nichts vor den Auditoren - Ihr und deren guter Ruf steht gleichermaßen auf dem Spiel. Infomieren Sie auch über alle Schwachstellen im Projekt. Entschuldigen Sie sich nicht dafür – bleiben Sie bei den Fakten.

Rule #37: External reviews are scheduled at the worst possible time, therefore, keep an up-to-date set of business and technical data so that you can rapidly respond. Not having up-to-date data should be cause for dismissal.

Rule #38: Never undercut your staff in public (i.e., In public meetings, don't reverse decisions on work that you have given them to do). Even if you direct a change, never take the responsibility for implementing away from your staff.

Rule #39: Reviews are for the reviewed an not the reviewer. The review is a failure if the reviewed learn nothing from it.

Rule #40: A working meeting has about six people attending. Meetings larger than this are for information transfer (management science has shown that, in a group greater than twelve, some are wasting their time).

Regel Nr. 37: Externe Audits erfolgen immer zum schlechtmöglichsten Projektzeitpunkt. Deshalb sollten Sie immer eine Reihe an aktuellen Daten und Informationen bereithalten, damit Sie kurzfristig antworten können. Wenn keine aktuellen Daten vorgewiesen werden können, sollte das ein Kündigungsgrund sein.

Regel Nr. 38: Stellen Sie Ihre Mitarbeiter niemals in der Öffentlichkeit bloß (d.h. nehmen Sie Ihnen in öffentlichen Meetings niemals Aufgaben weg, die Sie Ihnen vorher zur Erledigung übertragen haben). Auch wenn Sie eine Änderung anweisen, müssen Sie die Verantwortung für deren Durchführung bei den betreffenden Mitarbeitern belassen.

Regel Nr. 39: Auditorenberichte sollen dem Geprüften dienen und nicht dem Prüfer. Ein Prüfbericht ist nutzlos, wenn der Geprüfte nichts durch ihn lernt.

Regel Nr. 40: Eine Arbeitsbesprechung sollte nicht mehr als sechs Teilnehmer haben. Besprechungen mit mehr Teilnehmern dienen nur dem Wissenstransfer (wissenschaftliche Studien belegen, dass in Gruppen mit mehr als zwölf Teilnehmern manche ihre Zeit verschwenden.)

Rule #41: The amount of reviews and reports are proportional to management's understanding (i.e., the less management knows or understands the activities, the more they require reviews and reports). It is necessary in this type of environment to make sure that data is presented so that the average person, slightly familiar with activities, can understand it. Keeping the data simple and clear never insults anyone's intelligence.

Rule #42: Managers who rely only on the paperwork to do the reporting of activities are known failures.

Rule #43: Documentation does not take the place of knowledge. There is a great difference in what is supposed to be, what is thought to have happened, and reality. Documents are normally a static picture in time that get outdated rapidly.

Regel Nr. 41: Die Anzahl der Prüfungen und Berichte entwickelt sich proportional zum Verständnis des Managements (d.h. je weniger die Führungsebene die Aktivitäten kennt oder verstehen, desto mehr Prüfungen und Berichte werden angefordert). In diesem Bereich müssen die Informationen so präsentiert werden, dass der Durchschnittsmensch, der nur wenig Fachwissen hat, sie verstehen kann. Wenn Sie die Daten einfach und klar präsentieren, wird sich durch die Darstellung niemand angegriffen fühlen.

Regel Nr. 42: Die Manager, die sich nur auf den Papierkram verlassen, um die Arbeitsschritte aufzuzeigen, sind erfahrungsgemäß die Versager.

Regel Nr. 43: Das Dokumentationswesen kann Fachwissen nicht ersetzen. Es gibt einen großen Unterschied zwischen dem, was getan werden muss, und dem wovon man glaubt, dass es getan wurde und der Realität. Dokumentationen sind normalerweise eine statische Momentaufnahme, die sehr schnell wieder überholt ist.

Rule #44: Just because you give monthly reports, don't think that you can abbreviate anything in a yearly report. If management understood the monthlies, they wouldn't need a yearly.

Rule #45: Abbreviations are getting to be a pain. Each project now has a few thousand. This calls on senior management to know hundreds. Use them sparingly in presentations unless your objective is to confuse.

Rule #46: Remember, it is often easier to do foolish paperwork that to fight the need for it. Fight only if it is a global issue which will save much future work.

Regel Nr. 44: Glauben Sie ja nicht, dass Sie den Jahresbericht als gekürzte Version verfassen können, nur weil Sie monatliche Berichte erstellen. Hätte das Management die Monatsberichte verstanden, dann würden Sie keinen Jahresbericht benötigen.

Regel Nr. 45: Abkürzungen sind eine Plage geworden. Mittlerweile verwendet jedes Projekt eine unendliche Zahl davon. Die oberste Führungsebene müsste also hunderte Abkürzungen kennen. Verwenden Sie Abkürzungen in Präsentationen nur sehr sparsam, wenn Sie die Menschen damit nicht verwirren möchten.

Regel Nr. 46: Denken Sie daran: es ist oft einfacher, unnötigen Papierkram zu erstellen, als über dessen Notwendigkeit zu diskutieren. Kämpfen Sie nur für den Verzicht darauf, wenn es sich wirklich insofern lohnt, dass Sie auch für zukünftige Tätigkeiten eine wesentliche Erleichterung haben werden.

6. Contractors and Contracting

Rule #47: A project manager is not the monitor of the contractor's work but is to be the driver. In award fee situations, the government personnel should be making every effort possible to make sure the contractor gets a high score (i.e., be on schedule and produce good work). Contractors don't fail, NASA does and that is why one must be proactive in support. This is also why a low score damages the government project manager as much as the contractor's manager because it means that he is not getting the job done.

6. *Vertragspartner und Vertragswesen*

Regel Nr. 47: Ein Projektmanager sollte nicht der Kontrolleur der Arbeit seiner Auftragnehmer, sondern der Erfolgslenker sein. Wenn es um Prämien geht, sollten die Mitarbeiter des Auftraggebers jede Anstrengung unternehmen, um dafür zu sorgen, dass der Auftragnehmer erfolgreich ist (d.h. dass er den Terminplan einhält und gute Ergebnisse liefert). Am Ende werden nicht die Auftragnehmer die Verlierer sein, sondern der Auftraggeber selbst. Deswegen muss die Unterstützung proaktiv erfolgen. Und deshalb schadet ein schlechtes Projektergebnis dem Projektmanager des Auftragnehmers genauso sehr wie dem Projektmanager des Auftragnehmers, der seine Arbeit nicht fertigstellen kann.

Rule #48: Award fee is a good tool that puts discipline both on the contractor and the government. The score given represents the status of the project as well as the management skills of both parties. The project management measurement system (PMS) should be used to verify the scores. Consistent poor scores require senior management intervention to determine the reason. Consistent good scores which are consistent with PMS reflect a well-run project, but if these scores are not consistent with the PMS, senior management must take action to find out why.

Rule #49: Morale of the contractor's personnel is important to a government manager. Just as you don't want to buy a car built by disgruntled employees, you don't want to buy flight hardware developed by under- motivated people. You should take an active role in motivating all personnel on the project.

Regel Nr. 48: Ein Prämiensystem ist ein gutes Werkzeug, das für Disziplin auf Seiten des Auftragnehmers als auch seitens der Regierung sorgt. Die Bewertungen spiegeln den Projektstatus und die Führungsqualitäten beider Parteien wider. Das sogenannte "Project Management Measurement System PMS" (deutsch etwa "Projektfortschritt-Mess-System") sollte zur Prüfung der Ergebnisse angewendet werden. Durchgängig schlechte Ergebnisse erfordern das Handeln der Führungsebene, um den Grund dafür festzustellen. Beständig gute Bewertungen, die mit den PMS-Ergebnissen überein-stimmen, spiegeln einen gut organisierten Projektablauf wider. Gibt es hier jedoch Abweichungen, ist es an der Führungsebene, den Grund dafür herauszufinden.

Regel Nr. 49: Ein gutes Betriebsklima seitens des Auftragnehmers ist wichtig für den Manager des Auftraggebers. Genauso wie Sie kein Auto kaufen würden, das von missmutigen Konstrukteuren entwickelt wurde, würden Sie auch keine Flugzeug-gerätetechnik kaufen, die von unmotivierten Mitarbeitern entwickelt wurde. Sie sollten zur Motivation aller Projektbeteiligten aktiv beitragen.

Rule #50: Being friendly with a contractor is fine—being a friend of a contractor is dangerous to your objectivity.

Rule #51: Remember, your contractor has a tendency to have a one-on-one interface with your staff. Every member of your staff costs you at least one person on the contract per year.

Rule #52: Contractors tend to size up the government counterparts and staff their part of the project accordingly. If they think yours are clunkers, they will take their poorer people to put on your project.

Regel Nr. 50: Es ist gut, wenn man freundlich zu seinem Auftragnehmer ist – wenn Sie aber mit Auftragnehmern befreundet sind, kann das Ihre Objektivität gefährden.

Regel Nr. 51: Beachten Sie, dass Ihr Auftragnehmer in der Regel für jeden Ansprechpartner aus Ihrem Team einen Mitarbeiter weniger benötigt. Deshalb kostet Sie jeder Ihrer Mitarbeiter also mindestens ein Jahresgehalt pro Vertrag und Jahr.

Regel Nr. 52: Auftragnehmer schätzen die Qualität ihrer Partner auf Auftraggeberseite genau ab und planen ihre Projektmitarbeiter entsprechend. Wenn Auftragnehmer zu dem Schluss kommen, Ihre Mitarbeiter taugen nichts, dann werden seitens des Auftragnehmers schwächere Mitarbeiter für Ihr Projekt eingesetzt.

Rule #53: Contractors respond well to the customer that pays attention to what they are doing but not too well to the customer that continually second-guesses their activity. The basic rule is a customer is always right but the cost will escalate if a customer always has things done his way instead of how the contractor planned on doing it. The ground rule is: never change a contractor's plans unless they are flawed or too costly (i.e., the old saying that better is the enemy of good).

Rule #54: There is only one solution to a weak project manager in industry—get rid of him fast. The main job of a project manager in industry is to keep the customer happy. Make sure the one working with you knows that it is not flattery but on-schedule, on-cost, and a good product that makes you happy.

Regel Nr. 53: Auftragnehmer reagieren positiv auf den Kunden, der ihre Arbeit im Blick behält. Der Kunde, der Ergebnisse im Nachhinein ständig kritisiert, wird allerdings keine positiven Reaktionen erfahren. Die Grundregel lautet: Der Kunde hat immer Recht. Allerdings werden die Kosten aus dem Ruder laufen, wenn der Auftragnehmer immer nur nach den Anweisungen des Kunden handelt, anstatt seine Pläne einzuhalten. Allgemein gilt: Verändern Sie nie die Pläne des Auftragnehmers, es sei denn, diese sind fehlerhaft oder zu teuer (gemäß dem alten Sprichwort „das Bessere ist der Feind des Guten").

Regel Nr. 54: In der Wirtschaft gibt es für einen schwachen Projektmanager nur eine Lösung: ihn schnellstmöglich loszuwerden. Die Hauptaufgabe eines Projektmanagers in der Industrie ist es, seine Kunden zufrieden zu stellen. Stellen Sie sicher, dass die Personen, die mit Ihnen arbeiten wissen, dass Sie auf Einhaltung der Termine, der Kosten und gute Qualität Wert legen und nicht auf Schmeicheleien.

7. Engineers and Scientists

Rule #55: Over-engineering is common. Engineers like puzzles and mazes. Try to make them keep their designs simple.

Rule #56: The first sign of trouble comes from the schedule or the cost curve. Engineers are the last to know they are in trouble. Engineers are born optimists.

Rule #57: The project has many resources within itself. There probably are five or ten system engineers considering all the contractors and instrument developers. This is a powerful resource that can be used to attack problems.

Rule #58: Many managers, just because they have the scientists under contract on their project, forget that the scientists are their customers and many times have easier access to top management than the managers do.

7. Ingenieure und Wissenschaftler

Regel Nr. 55: Häufig werden Konstruktionen übertrieben kompliziert erstellt. Ingenieure lieben Puzzle und Labyrinthe. Achten Sie darauf, dass Konstruktionen möglichst einfach gehalten werden.

Regel Nr. 56: Die ersten Signale für Schwierigkeiten kommen vom Terminplan oder der Kostenkurve. Ingenieure merken zu Letzt, dass sie in Schwierigkeiten stecken – sie sind geborene Optimisten.

Regel Nr. 57: Ein Projekt bindet viele Ressourcen. Wenn man alle Auftragnehmer und Entwickler berücksichtigt, hat man an die fünf oder sogar um die zehn Systemingenieure involviert. Das ist eine starke Manpower, mit der man Probleme gut lösen kann.

Regel Nr. 58: Nur weil Wissenschaftler für Projektarbeit unter Vertrag genommen werden, vergessen viele Manager, dass die Wissenschaftler ihre Kunden sind und oft einen besseren Draht zur obersten Führungsebene haben als sie selbst.

Rule #59: Most scientists are rational unless you endanger their chance to do their experiment. They will work with you if they believe you are telling them the truth. This includes reducing their own plans.

Regel Nr. 59: Die meisten Wissenschaftler handeln rational, es sei denn, ihnen wird die Chance genommen zu experimentieren. Wissenschaftler werden gut mit Ihnen zusammenarbeiten, wenn sie davon überzeugt sind, dass Sie ihnen immer die Wahrheit sagen. Dann werden Wissenschaftler auch Einschränkungen in ihren Planungen akzeptieren können.

8. Hardware

Rule #60: In the space business, there is no such thing as previously flown hardware. The people who build the next unit probably never saw the previous unit. There are probably minor changes (perhaps even major changes); the operational environment has probably changed; the people who check the unit out in most cases will not understand the unit or the test equipment.

Rule #61: Most equipment works as built, not as the designer planned. This is due to layout of the design, poor understanding on the designer's part, or poor understanding of component specifications.

8. Hardware

Regel Nr. 60: In der Raumfahrtindustrie gibt es so etwas wie eine erprobte Ausrüstung nicht. Die Mitarbeiter, die Folgekomponenten entwickeln, haben unter Umständen die Vorgängermodelle niemals gesehen. Vielleicht handelt es sich nur um geringfügige Änderungen (vielleicht um große Änderungen), möglicherweise haben sich die Betriebsbedingungen geändert. Höchstwahrscheinlich werden sogar die Mitarbeiter, die die Teile prüfen, weder die Komponenten, noch die Testausrüstung verstehen.

Regel Nr. 61: Die meisten Geräte funktionieren gemäß ihrem Aufbau und nicht gemäß der Planung des Konstrukteurs. Das liegt an der Gestaltung der Konstruktion, an mangelndem Praxiswissen seitens des Konstrukteurs oder fehlendem spezifischen Fachwissen über die Komponenten selbst.

9. Computers and Software

Rule #62: Not using modern techniques, like computer systems, is a great mistake, but forgetting that the computer simulates thinking is a still greater mistake.

Rule #63: Software has now taken on all the parameters of hardware (i.e., requirement creep, high percentage of flight mission cost, need for quality control, need for validation procedures, etc.). It has the added feature that it is hard as blazes to determine it is not flawed. Get the basic system working first and then add the bells and whistles. Never throw away a version that works even if you have all the confidence in the world that the newer version works. It is necessary to have contingency plans for software.

9. Computer und Software

Regel Nr. 62: Moderne Techniken, wie z.B. Computersysteme, nicht zu nutzen, ist ein großer Fehler. Außer Acht zu lassen, dass der Computer das Denken nur simuliert, ist allerdings noch immer der größere Fehler.

Regel Nr. 63: Software hat heutzutage alle Eigenschaften der Hardware übernommen (z.B. schleichende Bedarfserhöhung, hoher Prozentsatz an Flugmissionskosten, Bedarf an Qualitätskontrolle, Bedarf an Validierungsprozessen, usw.). Zudem sind eventuelle Schwachstellen extrem schwer zu durchschauen. Deshalb ist es ratsam, zuerst das Basissystem fehlerfrei in Betrieb zu haben und erst dann weitere Features zu installieren. Verwerfen Sie niemals eine funktionierende Version komplett, auch wenn Sie zu 100% von der Folgeversion überzeugt sind. Es ist wichtig, für Software immer ein Notfallkonzept parat zu haben.

Rule #64: Knowledge is often revised by simulations or testing, but computer models have hidden flaws not the least of which is poor input data.

Rule #65: In olden times, engineers had hands-on experience, technicians understood how the electronics worked and what it was supposed to do, and layout technicians knew too—but today only the computer knows for sure and it's not talking.

Regel Nr. 64: Wissen wird durch Simulationen oder Tests oft verbessert. Computersysteme haben aber versteckte Schwachstellen, die nicht zu Letzt von fehlerhafter Dateneingabe herrühren.

Regel Nr. 65: Früher verfügten Ingenieure über umfangreiche Praxiserfahrungen, Techniker verstanden den Aufbau der Elektronik und wie diese funktionieren sollte und die Konstrukteure wussten das ebenfalls. Aber heute weiß nur noch der Computer über alles Bescheid – und er kann nicht sprechen.

10. Senior Management, Program Offices, and Above

Rule #66: Don't assume you know why senior management has done something. If you feel you need to know, ask. You get some amazing answers that will astonish you.

Rule #67: Know your management—some like a good joke, others only like a joke if they tell it.

Rule #68: Remember the boss has the right to make decisions. Even if you think they are wrong, tell the boss what you think but if he still wants it done his way; do it his way and do your best to make sure the outcome is successful.

Rule #69: Never ask management to make a decision that you can make. Assume you have the authority to make decisions unless you know there is a document that states unequivocally that you can't.

10. Top Management

Regel Nr. 66: Gehen Sie nicht davon aus, den Hintergrund der Handlungen der obersten Führungsebene zu kennen. Wenn Sie etwas wissen müssen, fragen Sie nach. Sie werden erstaunliche Antworten erhalten, die Sie überraschen werden.

Regel Nr. 67: Es ist wichtig, dass Sie Ihre Vorgesetzten kennen – manche lachen gerne über einen guten Witz, andere nur, wenn sie diesen selbst zum Besten geben.

Regel Nr. 68: Denken Sie daran: Der Chef hat das Recht zu entscheiden. Wenn Sie davon überzeugt sind, dass Ihr Chef eine falsche Entscheidung trifft, sollten Sie ihn zwar darauf aufmerksam machen, aber seinem Weg folgen, wenn er sich nicht überzeugen lässt. Achten Sie dann darauf, dass das Ergebnis erfolgreich ist.

Regel Nr. 69: Fordern Sie niemals Entscheidungen von Ihrem Management die Sie selbst treffen dürfen. Gehen Sie davon aus, dass Sie entscheiden dürfen, solange nicht eindeutig schriftlich festgelegt ist, dass Sie dazu nicht befugt sind.

Rule #70: You and the Program Manager should work as a team. The Program Manager is your advocate at NASA HQ and must be tied into the decision makers and should aid your efforts to be tied in also.

Rule #71: Know who the decision makers on the program are. It may be someone outside who has the ear of Congress or the Administrator, or the Associate Administrator, or one of the scientists—someone in the chain of command—whoever they are. Try to get a line of communication to them on a formal or informal basis.

Regel Nr. 70: Sie und Ihr Programm-Manager sollten als Team agieren. Der Programm-Manager ist Ihr Fürsprecher im eigenen Hauptquartier. Er muss zu den Entscheidungsträgern gehören und sollte Ihnen möglichst dabei helfen, selbst in den Entscheidungsprozess eingebunden zu sein.

Regel Nr. 71: Sie müssen die Entscheidungsträger des Programms kennen. Es kann sich dabei auch um Außenstehende handeln, die vom Kongress oder der Behörde gehört werden oder um einen Administrator, der Gesellschaft oder um einen Wissenschaftler oder sonst jemanden innerhalb der Weisungskette. Wer auch immer das sein mag, versuchen Sie mit diesen Personen auf formellem oder informellem Weg in Kontakt zu sein.

11. Program Planning, Budgeting, and Estimating

Rule #72: Today one must push the state of the art, be within budget, take risks, not fail, and be on time. Strangely, all these are consistent as long as the ground rules such as funding profile and schedule are established up front and maintained.

Rule #73: Most of yesteryear's projects overran because of poor estimates and not because of mistakes. Getting better estimates will not lower costs but will improve NASA's business reputation. Actually, there is a high probability that getting better estimates will increase costs and assure a higher profit to industry unless the fee is reduced to reflect lower risk on the part of industry. A better reputation is necessary in the present environment.

11. Planung, Budgetierung und Kalkulation

Regel Nr. 72: Heutzutage muss man den neuesten Stand der Technik vorantreiben, innerhalb des Budgets bleiben, Risiken eingehen, nicht versagen und den Zeitplan einhalten. Interessanterweise ist das alles möglich, sofern die Grundpfeiler, wie z.B. das Finanzierungsprofil und die Terminplanung, im Vorfeld geklärt sind und entsprechend gepflegt werden.

Regel Nr. 73: Die meisten Projekte der Vergangenheit sind nicht wegen Fehlern bei der Durchführung außer Kontrolle geraten sondern wegen fehlerhaften Kostenschätzungen. Bessere Kostenvoranschläge werden sicherlich die Kosten nicht senken können aber sie werden das Image des Unternehmens verbessern. Tatsächlich ist es sogar sehr wahrscheinlich, dass bessere Kostenvoranschläge die Kosten erhöhen werden und damit höhere Gewinne für die Industrie ermöglichen, es sei den, das geringere Risiko für die Industrie spiegelt sich in reduzierten Vergütungen wider. Eine bessere Reputation ist im derzeitigen Geschäftsumfeld sehr wichtig.

Rule #74: All problems are solvable in time, so make sure you have enough schedule contingency—if you don't, the next project manager that takes your place will.

Rule #75: The old NASA pushed the limits of technology and science; therefore, it did not worry about requirements creep or overruns. The new NASA has to work as if all projects are fixed price; therefore, requirement creep has become a deadly sin.

Rule #76: Know the resources of your center and, if possible, other centers. Other centers, if they have the resources , are normally happy to help. It is always surprising how much good help one can get by just asking.

Regel Nr. 74: Alle Probleme können rechtzeitig gelöst werden. Deshalb müssen Sie sicherstellen, dass ausreichende Pufferzeiten eingeplant sind. Wenn Ihnen das nicht gelingt, wird Ihr Nachfolger das ganz bestimmt an Ihrer Stelle erledigen.

Regel Nr. 75: Die „alte" NASA hat hohe Maßstäbe an Technologien und an die Wissenschaft gesetzt und sich nicht um die schleichende Bedarfserhöhung oder Budgetüberschreitungen gesorgt. Die „neue" NASA muss so arbeiten, als seien alle Projekte zu fixen Kosten geplant und als sei ein sich schleichend erhöhender Bedarf eine Todsünde.

Regel Nr. 76: Sie sollten die Ressourcen Ihres Bereiches und wenn möglich auch der anderen Bereiche kennen. Normalerweise sind andere Bereiche, sofern möglich, gerne bereit, bei Engpässen auszuhelfen. Es ist immer wieder überraschend, wieviel gute Unterstützung man erhält, wenn man nur darum bittet.

Rule #77: Other than budget information prior to the President's submittal to Congress, there is probably no secret information on a project—so don't treat anything like it is secret. Everyone does better if they can see the whole picture so don't hide any of it from anyone.

Rule #78: NASA programs compete for budget funds—they do not compete with each other (i.e., you never attack any other program or NASA work with the idea that you should get their funding). Sell what you have on its own merit.

Rule #79: Next year is always the year with adequate funding and schedule. Next year arrives on the 50th year of your career.

Regel Nr. 77: Das Einzige, was in einem Projekt als Geheimnis bewahrt werden sollte, ist vermutlich nur der US-Haushaltsplan und zwar bevor der US-Präsident ihn dem Kongress vorlegt. Deshalb sollten Sie nicht alle Informationen als streng geheim behandeln. Ihre Mitarbeiter können bessere Arbeit leisten, wenn Sie das Gesamtprojekt kennen, darum sollten Sie ihnen diese Informationen nicht vorenthalten.

Regel Nr. 78: NASA-Programme kämpfen um das Budget für ihre eigene Finanzierung – sie kämpfen aber nicht gegeneinander (d.h. Sie sollten niemals versuchen, sich das Budget eines anderen NASA Programms oder Projekts mit unlauteren Mitteln für Ihre Zwecke unter den Nagel zu reißen). Verkaufen Sie nur die Ideen, die Sie sich selbst erarbeitet haben.

Regel Nr. 79: Ein angemessenes Budget und einen ausreichenden Terminplan gibt es immer erst im nächsten Jahr. Und dieses nächste Jahr können Sie frühestens nach 50 Berufsjahren als erfolgreicher Projektmanager erwarten.

12. The Customer

Rule #80: Remember who the customer is and what his objectives are (i.e., check with him when you go to change anything of significance).

12. Der Kunde

Regel Nr. 80: Vergessen Sie nie, wer der Kunde ist und was seine Ziele sind (d.h. stimmen Sie sich mit Ihrem Kunden ab, wenn Sie maßgebliche Punkte ändern).

13. NASA Management Instructions

Rule #81: NASA Management Instructions were written by another NASA employee like you; therefore, challenge them if they don't make sense. It is possible another NASA employee will rewrite them or waive them for you.

13. NASA Managementanweisungen

Regel Nr. 81: Die Managementanweisungen der NASA wurden von einem NASA Mitarbeiter, wie Sie einer sind, verfasst. Deshalb sollten Sie diese auch in Frage stellen, sofern sie in Ihren Augen keinen Sinn ergeben. Möglicherweise werden solche Anweisungen dann wiederum von einem anderen NASA Mitarbeiter neu verfasst oder aufgehoben.

14. Decision Making

Rule #82: Wrong decisions made early can be recovered from. Right decisions made late cannot correct them.

Rule #83: Sometimes the best thing to do is nothing. It is also occasionally the best help you can give. Just listening is all that is needed on many occasions. You may be the boss, but if you constantly have to solve someone's problems, you are working for him.

Rule #84: Never make a decision from a cartoon. Look at the actual hardware or what real information is available such as layouts. Too much time is wasted by people trying to cure a cartoon whose function is to explain the principle.

14. Entscheidungsfindung

Regel Nr. 82: Frühzeitige Fehlentscheidungen lassen sich korrigieren. Zu spät getroffene richtige Entscheidungen können dies jedoch nicht mehr.

Regel Nr. 83: Manchmal ist es am Besten, nichts zu tun. Zeitweise ist das außerdem auch die beste Unterstützung, die Sie im Projekt sein können. Gelegentlich ist reines Zuhören alles was notwendig ist. Sie mögen der Chef sein. Wenn Sie aber andauernd die Probleme der anderen lösen müssen, dann wurden die Rollen vertauscht.

Regel Nr. 84: Fällen Sie niemals Entscheidungen aufgrund von Skizzen. Schauen Sie sich die tatsächliche Hardware oder die tatsächlich zur Verfügung stehenden Informationen, wie z.B. Konstruktionspläne, an. Zu viel Zeit wird dadurch verschwendet, dass man versucht, eine Skizze zu verbessern, die nur dazu da ist, das Prinzip zu erklären.

15. Professional Ethics and Integrity

Rule #85: Integrity means your subordinates trust you.

Rule #86: In the rush to get things done, it's always important to remember who you work for. Blindsiding the boss will not be to your benefit in the long run.

15. Moral und Integrität

Regel Nr. 85: Integrität bedeutet, dass Ihre Mitarbeiter Ihnen vertrauen.

Regel Nr. 86: Auch im Eifer des Gefechts sollten Sie immer daran denken, für wen Sie arbeiten. Es wird sich für Sie auf lange Sicht auszahlen, wenn Sie Ihren Chef immer auf dem Laufenden halten.

16. Project Management and Teamwork

Rule #87: Projects require teamwork to succeed. Remember, most teams have a coach and not a boss, but the coach still has to call some of the plays.

Rule #88: Never assume someone knows something or has done something unless you have asked them; even the obvious is overlooked or ignored on occasion, especially in a high stress activity.

Rule #89: Whoever said beggars can't be choosers doesn't understand project management, although many times it is better to trust to luck than to get poor support.

16. Projektmanagement und Teamwork

Regel Nr. 87: Teamwork ist die Basis für erfolgreiche Projektarbeit. Bedenken Sie, dass die meisten Teams einen Trainer haben und keinen Chef. Allerdings trifft der Trainer meistens die wichtigen Entscheidungen.

Regel Nr. 88: Gehen Sie nie davon aus, dass jemand über etwas Bescheid weiß oder etwas erledigt hat, ohne dass Sie sich danach erkundigt haben. Auch das scheinbar Offensichtliche wird gelegentlich einmal übersehen, vor allen Dingen wenn man unter Zeitdruck steht.

Regel Nr. 89: Wer sagt, dass Bittsteller nicht zu den Gewinnern gehören werden, hat keine Ahnung von Projektmanagement. Allerdings ist es manchmal auch besser, sich auf sein Glück zu verlassen, als schlechten Support in Anspruch zu nehmen.

Rule #90: A puzzle is hard to discern from just one piece; so don't be surprised if team members deprived of information reach the wrong conclusion.

Rule #91: Remember, the President, Congress, OMB, NASA HQ, senior center management, and your customers all have jobs to do. All you have to do is keep them all happy.

Regel Nr. 90: Mit nur einem Puzzleteil kann man kein komplettes Puzzle ausmachen. Deshalb dürfen Sie auch nicht überrascht sein, dass Teammitglieder, die unvollständige Informationen erhalten, zu den falschen Entscheidungen kommen.

Regel Nr. 91: Denken Sie daran: Der Präsident der Vereinigten Staaten von Amerika, der US-Kongress, das Amt für Personal und Haushalt, das NASA Hauptquartier, die Geschäftsleitung und Ihre Kunden machen alle auch ihren Job. Ihre Aufgabe ist es lediglich, sie alle zufrieden zu stellen.

17. Treating and Avoiding Failures

Rule #92: In case of a failure:

- a) Make a timeline of events and include everything that is known.
- b) Put down known facts. Check every theory against them.
- c) Don't beat the data until it confesses (i.e., know when to stop trying to force-fit a scenario).
- d) Do not arrive at a conclusion too fast. Make sure any deviation from normal is explained. Remember the wrong conclusion is prologue to the next failure.
- e) Know when to stop.

Rule #93: Things that fail are lessons learned for the future. Occasionally things go right: these are also lessons learned. Try to duplicate that which works.

17. Fehlerbehebung und -vermeidung

Regel Nr. 92: Ist ein Fehler aufgetreten:

a) Erstellen Sie einen Zeitplan aller Aktivitäten und berücksichtigen Sie dabei alle bekannten Informationen.

b) Erfassen Sie die bekannten Fakten. Gleichen Sie damit alle Theorien ab.

c) Versuchen Sie nicht, Fakten so lange zu verbiegen, bis diese passen (d.h. werden Sie sich klar darüber, wann ein Szenario verworfen werden muss).

d) Kommen Sie nicht voreilig zu einer Entscheidung. Stellen Sie sicher, dass jegliche Abweichung überprüft wurde. Beachten Sie, dass eine Fehlentscheidung der erste Schritt zum nächsten Fehler ist.

e) Sie sollten wissen, wann Sie aufhören müssen.

Regel Nr. 93: Lernen Sie aus Ihren Fehlern für die Zukunft. Gelegentlich laufen die Dinge aber auch gut und daraus sollten Sie ebenfalls für die Zukunft lernen. Versuchen Sie immer die Erfolge zu wiederholen.

Rule #94: Mistakes are all right but failure is not. Failure is just a mistake you can't recover from; therefore, try to create contingency plans and alternate approaches for the items or plans that have high risk.

Rule #95: History is prologue. There has not been a project yet that has not had a parts problem despite all the qualification and testing done on parts. Time and being prepared to react are the only safeguards.

Rule #96: Experience may be fine but testing is better. Knowing something will work never takes the place of proving that it will.

Rule #97: Don't be afraid to fail or you will not succeed, but always work at your skill to recover. Part of that skill is knowing who can help.

Regel Nr. 94: Fehler passieren – scheitern dürfen Sie nie. Ein Scheitern kommt lediglich von Fehlern, die man nicht beheben kann. Deshalb sollten Sie immer Notfallpläne erstellen und Alternativen für die Punkte oder Pläne mit sehr hohem Risiko finden.

Regel Nr. 95: Die Erfahrung weist den Weg für die Zukunft. Bisher gab es in jedem Projektverlauf und trotz jeglicher Fachkenntnis und Prüfung Probleme, die man lösen muss. Die einzigen Schutzmaßnahmen davor sind genügend Zeit und entsprechende Vorbereitung.

Regel Nr. 96: Erfahrung ist gut – Prüfung ist besser. Zu wissen, dass etwas funktionieren sollte, ersetzt niemals die Prüfung, dass dem auch so ist.

Regel Nr. 97: Haben Sie keine Angst vor dem Versagen, sonst können Sie nicht erfolgreich sein. Arbeiten Sie aber auch stets an Ihrer Fähigkeit, schwierige Situationen zu meistern. Der Schlüssel dazu ist, die Personen zu kennen, die Ihnen helfen können.

Rule #98: One of the advantages of NASA in the early days was the fact that everyone knew that the facts we were absolutely sure of could be wrong.

Rule #99: Redundancy in hardware can be a fiction. We are adept at building things to be identical so that if one fails, the other will also fail. Make sure all hardware is treated in a build as if it were one of a kind and needed for mission success.

Rule #100: Never make excuses; instead, present plans of actions to be taken.

Hopefully you enjoyed

Regel Nr. 98: Bereits in den Anfängen war einer der großen Vorteile der NASA das Bewusstsein eines jeden Mitarbeiters darüber, dass die Tatsachen, denen man sich zu 100% sicher war, auch falsch sein konnten.

Regel Nr. 99: Redundante Hardware kann ein Luftschloss sein. Wir sind Experten darin, identische Geräte zu erschaffen, deren redundante Partner im Falle eines Fehlers ebenfalls nicht funktionieren. Stellen Sie sicher, dass die gesamte Hardware bei Herstellung so behandelt wird, als seien alle Teile Einzelstücke, die direkt für die erfolgreiche Raumfahrt eingesetzt werden.

Regel Nr. 100: Entschuldigen Sie sich nicht; präsentieren Sie stattdessen lieber die zu ergreifenden Maßnahmen.

Ich hoffe sehr, Sie haben an diesen Ausführungen Gefallen gefunden.

MIX
Papier aus verantwortungsvollen Quellen
Paper from responsible sources
FSC® C105338